PÉTITION

A LA CHAMBRE DES PAIRS

DU ROYAUME,

A LA CHAMBRE DES DÉPUTÉS

DES DÉPARTEMENS;

Par M. MULLER, capitaine de cavalerie,

auteur de l'escrime à cheval, de l'escrime à la baïonnette et la lance, etc., &c.

PÉTITION

A LA CHAMBRE DES PAIRS

DU ROYAUME,

A LA CHAMBRE DES DÉPUTÉS

DES DÉPARTEMENS;

Par M. MULLER, capitaine de cavalerie.

Nobles Pairs,

Messieurs les Députés,

Un officier, né dans un pays qui a fait partie de la France, et que ses services ont fait naturaliser Français, le capitaine Alexandre Müller, vient vous demander justice et réparation pour une contrefaçon judiciairement constatée, autorisée, protégée par l'administration de la guerre, aujourd'hui en pratique dans toute la cavalerie, et qui le prive pour toujours du fruit de ses travaux.

Auteur de plusieurs ouvrages sur l'art militaire Müller publia, en 1816, dans le format in-4°., une *Théorie de l'Escrime à cheval;* cet écrit lui coûta fort cher, non seulement à cause des nombreuses planches (au nombre de 51) dont il est accompagné, mais aussi à cause des indemnités qu'il fallut accorder aux hommes qui se livraient avec lui aux essais de ce genre d'escrime, et pour faire saisir leurs mouvemens par les dessinateurs : les dépenses s'élèvent à 35,000 fr.

Cet ouvrage fut honoré de la souscription du feu Roi, de celle de S. M. régnante et de son auguste fils, Monsieur le Dauphin, des autres Princes, de S. Exc. le Ministre de la guerre, et d'une foule d'officiers-généraux.

Il fit sensation par la nouveauté et l'importance des théories, et par l'application qu'il en faisait à l'attaque et à la défense devant l'ennemi.

L'un des avantages de ce genre d'exercice, est, non pas d'apprendre à nos soldats les moyens de tuer leurs camarades ou leurs concitoyens, mais d'employer exclusivement leur adresse aux combats qui ont pour but la défense du Roi et de la patrie, et de les rendre soumis et disciplinés.

Avant l'adoption de la nouvelle théorie, le maniement du sabre n'était qu'un véhicule de duels; il tendait plutôt à faire des spadassins que de véritables soldats.

On a dit dans l'arrêt ci-après analysé, qu'au camp de Lunéville, on s'occupa des nouvelles théories sur l'application de l'escrime à cheval, en prenant pour base l'instruction pratiquée à Saumur, sous M. le général Laferrière.

Cette instruction n'était autre qu'une contrefaçon détériorée de l'enseignement du capitaine Müller.

Il résulte d'un certificat de S. Exc. le Ministre de la guerre, du 20 septembre 1825, que Müller a été envoyé à l'école de Saumur, par décision du 31 octobre 1817, à l'effet d'y faire l'essai de sa théorie; qu'il s'est rendu à sa destination le 12 novembre, et qu'il n'est sorti de l'école que le 22 juillet 1818.

Par lettre du 19 mars 1818, M. le comte de Laferrière atteste, que Müller avait fait sous ses yeux la démonstration de sa théorie de l'*Escrime à cheval*, et qu'il en avait rendu compte au ministre de la guerre.

Le 17 novembre 1819, M. le lieutenant-général comte de Saint-Germain a écrit : « Il est certain que ce serait pour les corps de cavalerie un avantage inappréciable et *inconnu* jusqu'alors, si cette méthode était employée. »

En 1820, une commission, nommée par S. Exc. M le marquis de la Tour-Maubourg, fut chargée d'examiner ses ouvrages, qui furent approuvés, et la théorie de Saumur fut reconnue n'être qu'une imitation insuffisante de celle de Müller.

Le 11 février 1823, S. Exc. le maréchal de Bellune écrivit au capitaine Müller la lettre suivante :

« Monsieur, je vous ai fait connaître plusieurs
» fois l'intention où j'étais d'améliorer votre posi-
» tion, aussitôt qu'une occasion favorable m'en
» donnerait les moyens : ce n'est point une espé-
» rance vaine que je vous ai donnée; car je cherche
» à la réaliser.

» J'ai le projet d'établir une école dont la direc-
» tion vous sera confiée; vous recevrez, en cette
» qualité, un traitement analogue à vos fonctions
» et à votre rang.

» Je m'estimerais heureux de pouvoir vous tirer
» ainsi de la position fâcheuse où vous vous trou-
» vez, en même temps que je récompenserais, d'une
» manière honorable pour vous, vos travaux sur
» l'art militaire.

» J'ai l'honneur, etc., etc.

» *Signé* duc de BELLUNE. »

Le 1er. mars 1823, Müller fut nommé directeur d'une école normale d'escrime à cheval, avec un traitement de 8,000 fr.; une partie des bâtimens de l'École-Militaire devait être affectée à cet établissement. La formation de cette école n'eut pas lieu par le départ de S. Exc. le duc de Bellune pour Bayonne.

En 1824, Müller eut le bonheur d'être admis à faire, en présence de S. M. Charles X, alors MONSIEUR Frère du Roi, la démonstration de sa théorie. Ce Prince, pour lui témoigner sa satisfaction, lui fit donner une gratification de 1,500 fr., et daigna écrire, le 9 avril 1824, à S. Exc. le Ministre de la guerre.

« Placez le capitaine Müller à l'école de cavalerie de Versailles, ou dans un régiment; assurez-lui une heureuse existence pour la fin de ses jours, et donnez-lui à la première occasion la récompense qu'il a méritée par ses travaux militaires. » La lettre est *signée*: CHARLES PHILIPPE.

On s'occupait alors de former un camp de manœuvre à Lunéville. Le 23 avril 1824, il fut mis à la disposition du commandant de ce camp (M. le lieutenant-général vicomte Mermet).

Voici l'ordre du jour en date du 9 juin 1824.

« L'arme de cavalerie n'ayant jamais eu de
» mode uniforme d'escrime à cheval, et S. Exc. le
» Ministre de la guerre voulant en adopter un
» pour tous les régimens, a ordonné au lieutenant-
» général commandant le camp de Lunéville, de
» l'introduire dans ceux sous ses ordres, et qui
» aura pour base la méthode suivie à l'école de
» Saumur (1).

» En conséquence, pour remplir les intentions
» de S. Exc., il croit devoir charger une commis-
» sion de déterminer ce qui lui paraîtra le plus
» utile et le plus convenable pour ce genre d'ins-
» truction.

» Cette commission sera composée de MM.
» Le marquis Oudinot, maréchal-de-camp;
» Dejean, colonel des chasseurs des Vosges;
» Valmalette, chef d'escadron au même ré-
» giment;
» Pierre, chef d'escadron au régiment de
» l'Allier;
» Et d'Herbigny, chef d'escadron aux cuiras-
» siers d'Angoulême.

---

(1) Comment pouvait-on proposer la méthode de Saumur, tandis qu'elle a été rejetée en 1820, comme un plagiat défectueux, par un comité d'inspecteurs-généraux, présidé par M. le général Mermet?

» M. le capitaine Müller, qui a écrit sur cette
» partie, a été mis à la disposition du lieutenant-
» général commandant le camp, par S. Exc. le
» ministre de la guerre, pour y être employé à ce
» genre d'instruction.

» Il exécutera ce que la commission aura arrêté.
» Pourront être appelés près de cette commission,
» lorsque M. le maréchal-de-camp le jugera néces-
» saire, MM. les instructeurs des différens régi-
» mens qui sont au camp, afin de faire connaître
» les méthodes qu'ils pratiquent.

» Ces instructeurs sont MM.

» De Douay, lieutenant des chasseurs de
» l'Allier;
» De Cernay, capitaine aux chasseurs de
» l'Orne;
» De Villate, lieutenant aux chasseurs des
» Vosges;
» Schaff, capitaine aux chasseurs de la Côte-
» d'Or;
» Persy, capitaine aux chasseurs de l'Isère;
» Dornier, sous-lieutenant aux dragons du
» Calvados;
» De Rayau, adjudant-major aux cuirassiers
» d'Angoulême.

» Un registre sera tenu par les soins d'un mem-
» bre de la commission, sur lequel seront consignés
» les travaux arrêtés par elle, ainsi que toutes les
» planches des diverses positions, qui seront des-

» sinées par M. Daigny, aide-major au corps royal,
» attaché aux dragons du Calvados.

« *Le lieutenant-général,*

» *Signé* vicomte MERMET.

» Pour copie conforme :

» *Le colonel, chef d'état-major,*

» *Signé* le comte DE LIGNEVILLE. »

A la réception de cet ordre, le capitaine Müller déposa, sur la demande du général Mermet, entre ses mains, ses ouvrages imprimés et manuscrits. Ce général les envoya à la commission.

Appelé lui-même devant la commission, il y déploya toutes ses instructions, et revendiqua l'honneur des premiers essais faits à Saumur. Cette réflexion déplut au président de la commission, M. le marquis Oudinot, maréchal-de-camp, devenu commandant de l'école.

Cependant la commission, dans le rapport qu'elle adressa au général de la division, s'exprimait ainsi sur le compte du sieur Müller.

« Nous croyons encore remplir un devoir, mon
» Général, en appelant votre intérêt particulier sur
» le capitaine Müller qui, privé par sa santé
» d'assister à nos dernières séances, n'en a pas
» moins le mérite d'avoir fixé sérieusement l'atten-
» tion du Gouvernement sur l'importance de l'es-
» crime à cheval, et dans *l'ouvrage duquel se trou-*
» *vaient les idées-mères de la théorie de Saumur*

» *et de celle que nous avons l'honneur de vous*
» *soumettre.* »

Voici comment cet intérêt s'est manifesté depuis :

Le 9 octobre 1824, M. le général Mermet fit connaître au capitaine Müller que le camp de Lunéville était dissous, et que son service se trouvait terminé, ce qui l'a placé dans un état très précaire, puisqu'il a été pendant quatre mois sans solde, et qu'il n'a qu'un traitement temporaire de 1 fr. 50 c. par jour (1), lequel cessera en 1828; état dont S. M. actuellement régnante, avait voulu, par un acte de sa volonté personnelle, le faire sortir.

Le capitaine Müller n'a point démérité de ses chefs, et on n'a cherché à jeter quelque nuage sur sa conduite privée, à cause de quelques dettes, que l'insuffisance de son traitement lui a fait contracter, que pour lui ravir le fruit de ses sacrifices et de ses veilles.

Sans doute à Saumur, à Lunéville et ailleurs, on a eu le droit de profiter de ses travaux, pour améliorer le service de la cavalerie et de l'escrime à pied et à cheval.

Mais était-il dans les principes de la justice, de

---

(1) Il a été accordé sur une apostille de M. le général *Mermet*, ainsi conçue :

« La cavalerie française doit au capitaine *Müller* l'in-
» troduction de l'escrime à cheval. Je demande qu'un
» traitement lui soit alloué, même dans le cas où il ne
» pourrait pas être placé. »

s'emparer de l'ouvrage d'un officier sans fortune, pour le faire réimprimer et le vendre à son détriment! Voilà cependant ce qui a eu lieu ; M. le général Mermet a fait remettre au sieur Guibal, imprimeur à Lunéville, le manuscrit de la commission qui, sans doute, ne le lui avait pas confié dans un tel dessein.

Ce manuscrit, copié presque mot à mot, est une contrefaçon évidente de l'ouvrage publié en 1816 par le capitaine Müller ; il a été imprimé et vendu *pour le compte de l'imprimeur* ; c'est lui qui l'annonce : il est du prix de 50 c. ; chaque cavalier a été obligé de se munir d'un exemplaire.

L'armée compte soixante-dix régimens de cavalerie, composés de deux cent trente-cinq officiers et sous-officiers, non-compris les soldats. C'est donc un placement certain, et aujourd'hui entièrement réalisé de quatre-vingt mille exemplaires, non-compris les écoles de Saumur, de Saint-Cyr, des pages, de l'artillerie, de l'état-major, de l'École Polytechnique, etc., etc.

Si le sieur Guibal a seul réalisé le produit d'une pareille entreprise, il faut avouer que jamais contrefacteur n'aura fait une spéculation plus heureuse.

La première édition a donné lieu peut-être à dix tirages successifs. Les planches étaient conservées.

Müller, informé par ses amis que cet ouvrage était répandu dans tous les régimens, qui le faisaient venir au nombre de trois ou quatre cents exemplaires, sentit profondément le tort que l'on faisait à sa propriété.

Il pouvait, jusqu'à un certain point, sacrifier ses intérêts à sa patrie adoptive et à son Roi, lorsqu'il ne s'agissait que de mettre sa doctrine en application.

Mais abandonner une propriété qu'il avait placée sous la protection des lois, à un contrefacteur aussi hardi, qui se croyait encouragé par un officier-général, eût été une lâcheté et une sorte d'aveu que lui-même ne croyait pas à l'existence d'une propriété qui lui avait tant coûté !

Il fit saisir au domicile de Guibal les exemplaires qu'on y trouva, et dénonça la contrefaçon au tribunal de Lunéville.

Ce tribunal, cédant à une influence que l'on explique facilement, renvoya Guibal de la plainte, par jugement du 28 juillet 1825.

Müller eut recours aux magistrats supérieurs; Guibal osa, depuis cet appel, faire imprimer une édition, qu'il appelle *seconde*, et qui est peut-être la quinzième, en se plaçant derrière le nom auguste du Roi, et dire au public qu'il était autorisé à cette publication par ordonnance royale du 10 mars 1825.

Malheureusement il parvint à le persuader aussi à la cour royale de Nancy, qui, après une longue délibération, et six audiences, reconnut à l'unanimité qu'il y avait dans l'ouvrage de la commission, au titre particulier de l'escrime à cheval, comparé à la théorie antérieure publiée par le capitaine Müller, *assimilation dans les termes, analogie dans les élémens, même ordre, identité d'exécution*, etc.

Mais comme il fut justifié à la cour royale par une lettre du général Mermet que la publication de Guibal était, sinon autorisée par ordonnance du Roi, comme il le prétendait audacieusement, mais rédigée par ordre des fonctionnaires militaires, cette cour se décida, par suite d'un partage de voix (suffisant pour l'acquittement du prévenu en matière correctionnelle), à renvoyer Guibal de la plainte, et déclara que l'ouvrage du capitaine Müller avait *péri* par la *substitution d'un autre, débité sous le titre d'une approbation imposante*, sauf au sieur Müller à se pourvoir à fin d'indemnité.

La cour de cassation devant laquelle Muller s'est pourvu contre cet arrêt, a regardé la contrefaçon comme légalement prouvée : par arrêt du 3 mars 1826, elle a cassé celui de la cour de Nancy, parce que les lois sur l'expropriation pour cause d'utilité publique ne s'appliquaient pas à la propriété littéraire.

Par cet arrêt, la cour suprême a bien donné au capitaine Müller le droit de suivre sa plainte contre le libraire Guibal, et de conclure contre celui-ci à des dommages-intérêts ; mais quelle en sera la quotité? Guibal, qui n'a agi que par les ordres du général Mermet, ainsi que le fait est reconnu par ce général lui-même, dans la lettre qu'il a écrite, le 11 janvier 1826, à M. le procureur-général près la cour de Nancy, croira encore pouvoir invoquer sa bonne foi, et les tribunaux croiront peut-être pouvoir user d'indulgence!

D'ailleurs la lettre de M. le général Mermet constate, et la cour de cassation elle-même ne méconnaît pas, qu'un grand nombre d'exemplaires ont été tirés pour le compte de l'administration. M. le général Mermet, dans sa lettre précitée, dit en propres termes que le travail extrait de la théorie de l'Escrime à cheval, a été réuni en un seul livret et livré à l'impression. « Cette mesure, ajouta-t-il, était indispensable, vu le nombre considérable d'exemplaires qu'il fallait en distribuer dans un très court délai, puisque *chaque brigadier, sous-officier et officier de tout grade*, devait en avoir un. »

Il y avait au camp de Lunéville quatre-vingt-dix escadrons; que l'on juge du préjudice. L'arrêt de la cour suprême conclut de cette lettre que Guibal n'était pas autorisé à les vendre, ce qui est exact.

Mais, puisqu'il est jugé que la propriété exclusive appartenait au capitaine Müller, M. le général Mermet n'était pas plus autorisé à les donner qu'à les vendre.

Si M. le général Mermet a fourni *gratis* ces imprimés contrefaits à l'armée, il n'en a pas moins violé un droit sacré de propriété, dont il est dû réparation.

La Chambre daignera considérer que ce tort est immense et irréparable. Après avoir fait imprimer sa théorie dans le format in-4°., avec des planches, pour être digne d'être présentée au Roi, à son auguste Frère, aux princes et aux officiers-généraux, Müller se proposait de la faire imprimer dans le format in-8º., pour MM. les officiers supérieurs et les escadrons.

Il pouvait, aussi bien que le libraire Guibal, faire une édition à 50 c. pour les cavaliers; mais il a été prévenu par des contrefacteurs, et désormais le débit de son propre livre est impossible ou presque nul, puisque les régimens en sont fournis, et que ce petit livre fait partie aujourd'hui du portemanteau, qui ne peut guère se perdre.

L'administration de l'armée, qui a profité, par l'effet de la volonté illégale de M. le général Mermet, commissionné de S. M. pour commander le camp de Lunéville, doit donc aussi bien que le libraire Guibal, une indemnité pour le tort passé.

Depuis l'arrêt de la cour de Nancy, le capitaine Müller s'attendait à recevoir du Gouvernement un juste dédommagement ; mais S. Exc. le ministre de la guerre, malgré les démarches et pétitions que celui-ci a faites, et que des personnes respectables, notamment M. Saladin, procureur-général à la cour royale de Nancy, membre de la Chambre des Députés, ont tentées également sans succès, n'a rien accordé.

Ce silence est d'autant plus étonnant que même la cour de Nancy avait reconnu l'indispensable nécessité de cette indemnité. M. l'avocat-général *Freteau* qui, devant la cour de cassation, a soutenu le principe consacré par la cour de Nancy, dans la supposition que l'autorité publique se serait emparée de la propriété de Müller, a déclaré de nouveau que sous un Bourbon, une telle indemnité ne pouvait lui échapper.

Que penserait, en effet, S. M., d'après les paroles pleines de bonté dont elle se servit le 9 avril 1824, si elle apprenait que ses ministres, non seulement n'ont pas assuré le sort d'un officier dont l'expérience et la capacité ne peuvent être méconnues, mais encore qu'on s'est emparé de son bien, et qu'on lui refuse de l'indemniser du tort que M. le général Mermet lui a causé?

Cependant, malgré tous ses titres, telles sont les prétentions dont on a assiégé l'esprit de S. Exc. M. le marquis de Clermont-Tonnerre, touchant les torts prétendus de la conduite privée du pétitionnaire, inventés par ceux qui veulent s'attribuer le mérite de ses travaux, que cette indemnité ne lui sera pas accordée si la Chambre ne daigne, dans sa justice, appeler l'attention de S. Exc. sur la nécessité de payer une indemnité légalement acquise et proportionnée au dommage souffert.

C'est à ce renvoi que l'exposant conclut respectueusement.

Signé MULLER.

ISAMBERT, *avocat.*

PIÈCES JUTIFICATIVES.

Arrêt de la Cour de cassation du 3 Mars 1826.

Ouï M. Brière, conseiller, en son rapport; M*. Isambert, avocat, en ses observations, pour le demandeur; et M. Fréteau de Péuy, avocat-général, en ses conclusions;

Attendu qu'aux termes de l'art. 425 du Code pénal, toute édition d'écrits ou de toute autre production imprimée ou gravée en entier ou en partie au mépris des lois et règlemens relatifs à la propriété des auteurs, est une contrefaçon, et que toute contrefaçon est un délit.

Que les droits que la loi accorde aux auteurs sur leurs ouvrages, ne sont ni moins sacrés, ni moins inviolables que les droits de propriété.

Que même aucune disposition légale n'autorise l'expropriation des droits d'un auteur pour cause d'utilité publique.

Que dès-lors il serait inutile d'examiner si la réimpression d'un ouvrage en entier ou en partie a été ordonnée ou autorisée au nom de l'État, dans un but d'utilité publique, puisque dans ce cas même, elle ne pourrait avoir lieu que du libre consentement de l'auteur, de son vivant, ou de celui de ses héritiers, après sa mort, pendant la durée du droit exclusif de publication de ses ouvrages, qui leur est concédé par la loi, et conformément aux lois et règlemens relatifs à la matière.

Attendu qu'il résulte de l'arrêt attaqué, que Muller a fait imprimer en 1816 un ouvrage intitulé *Théorie de l'Escrime à cheval;* que l'imprimeur Guibal, de Lunéville, a publié en 1824 et 1825 un ouvrage intitulé *Rec-*

tifications à faire dans le maniement des armes, suivi de la *Théorie de l'Escrime à cheval;*

Que ce dernier ouvrage présente toutes les apparences d'une contrefaçon partielle du premier; qu'on retrouve dans tous les deux ASSIMILATION dans les termes, analogie dans les élémens, même ordre dans l'exécution pour la partie empruntée au premier dans le second, à quelques mouvemens près qu'on a supprimés;

Que cette déclaration en fait, est claire, précise, concordante, et qu'elle est irréfragable;

Qu'à la vérité, selon la Cour royale de Nancy, dans son arrêt, l'imprimeur Guibal allègue que le manuscrit de l'ouvrage qu'il a imprimé lui a été remis par une commission d'officiers-généraux, formée en 1824 par l'autorité du ministre de la guerre, au camp de Lunéville, pour l'amélioration de l'instruction des soldats, et que l'impression en aurait été approuvée par une ordonnance du Roi, et qu'elle en conclut que si l'ouvrage de Müller doit périr par la substitution d'un autre, il n'a de recours que dans l'équité et dans la bienfaisance du Roi.

Mais attendu qu'il résulte du même arrêt que l'ouvrage publié par l'imprimeur Guibal a été imprimé à ses frais et se vend pour son compte. — Que le manuscrit prétendu émané de la commission du camp de Lunéville n'a jamais été représenté;

Que la lettre du général Mermet, produite en cause d'appel, n'établit nullement la cession en faveur de Guibal d'une instruction composée par une commission d'officiers-généraux, mais seulement qu'il lui avait donné l'ordre d'imprimer, pour les besoins du service, un certain nombre d'exemplaires de cette instruction;

Que l'ordonnance du Roi du 10 mars 1825, relative à l'organisation de l'École-Militaire de cavalerie de Saumur, invoquée par Guibal, ne fait aucune mention de l'ouvrage contrefait, et n'ordonne en aucune façon l'impression ou la réimpression d'aucun ouvrage de ce genre, loin de rien statuer au préjudice des droits de Muller sur le sien ;

Que les faits constatés par l'arrêt attaqué n'établiraient donc pas que Guibal se trouvât dans l'exception que l'arrêt suppose, si cette exception, ce qui n'est pas, était consacrée par la loi.

Attendu qu'il résulte de ce qui précède, que la Cour royale de Nancy, en introduisant dans l'arrêt attaqué une exception au délit de contrefaçon qui n'est écrite dans aucune loi, a excédé ses pouvoirs, et qu'elle a manifestement violé les dispositions de l'art. 1er. de la loi du 19 juillet 1793, et de l'art. 425 du Code pénal.

En conséquence, la cour casse et annule l'arrêt du 25 janvier dernier, rendu par la chambre des appels de police correctionnelle de la Cour royale de Nancy, sur l'appel interjeté par J. F. A. Muller, d'un jugement rendu par le tribunal de police correctionnelle de l'arrondissement de Lunéville, le 28 juillet 1825, entre ledit Muller, plaignant et demandeur, et J. Élisabeth-Barthélemy Guibal, imprimeur, demeurant à Lunéville.

Ordonne le renvoi devant la Cour royale de Paris, Chambre des appels de police correctionnelle.

Fait et jugé à l'audience de la Chambre criminelle, le 3 mars 1826.

Arrêt de la Cour Royale de Nancy, rendu le 25 Janvier 1826.

CHARLES, par la grâce de Dieu, Roi de France et de Navarre, à tous présens et à venir, salut.

Notre Cour royale séant à Nancy, Chambre des appels de police correctionnelle, a rendu, à son audience publique du vingt-huit décembre dix-huit cent vingt-cinq, l'arrêt suivant, en la cause

D'ENTRE

Jean-François-Alexandre Muller, capitaine de cavalerie en retraite, demeurant à Paris, rue Neuve-St-Eustache, n°. 19, appelant d'un jugement rendu par le Tribunal de police correctionnelle de l'arrondissement de Lunéville, le vingt-huit juillet dix-huit cent vingt-cinq.

CONTRE

Joseph-Élisabeth-Barthélemy Guibal, imprimeur, demeurant à Lunéville, intimé.

Vu par la Cour toutes les pièces produites par les parties, notamment le jugement dont est appel, lequel prononce ainsi :

« Le tribunal donne à M°. Guibal, avoué, acte de la
» déclaration qu'il se constitue pour le défendeur, dé-
» clare le sieur Muller mal fondé en sa demande en con-
» trefaçon; en renvoie le défendeur, déclare nulle et de
» nul effet la saisie faite à son domicile, à la diligence
» du demandeur, de l'ouvrage intitulé : *Camp de Lu-*
» *néville, rectifications à faire dans le maniement*
» *des armes à pied et à cheval pour la cavalerie, sui-*
» *vies de l'escrime à cheval.*
» Ordonne que les exemplaires de cet ouvrage qui
» ont été saisis au domicile du défendeur lui seront
» rendus.
» Et statuant sur la demande en dommages-intérêts
» formée par le sieur Guibal, condamne le sieur Muller,
» pour tous dommages-intérêts, aux dépens liquidés à
» onze francs vingt-cinq centimes;
» En exécution des dispositions de l'article 194 du
» Code d'instruction criminelle. »

Et la déclaration d'appel faite au greffe du tribunal de première instance de Lunéville, par le sieur Muller, dans les délais déterminés par la loi.

Ouï le rapport fait publiquement à la présente audience par M. Saladin, Conseiller-Auditeur en la Cour;

Fabvier, avocat de Jean-François-Alexandre Muller, assisté de Xardel, son avoué, a conclu à ce qu'il plût à la Cour, mettre l'appellation et ce dont est appel au néant; émendant, déclarer valable et dûment formalisée, la saisie de la brochure intitulée : *Rectifications à faire dans le maniement des armes, et suivies de la Théorie de l'escrime à cheval;* ladite saisie faite au domicile de l'intimé par le juge de paix du canton de Lunéville (Nord); déclarer que cette brochure est une contrefaçon de la *Théorie de l'escrime à cheval* publiée en 1816 par l'appelant; prononcer en conséquence la confiscation de ladite édition contrefaite, et condamner l'intimé, soit à l'indemnité portée par la loi du 19 juillet 1793, ou en tous cas fixer ladite indemnité à la somme de quinze mille francs, à raison du nouveau préjudice causé par la seconde édition publiée par le sieur Guibal, au mépris de l'appel interjeté par le sieur Muller; sauf à poursuivre les coopérateurs, et condamner le sieur Guibal aux dépens des causes principale et d'appel, et sous la réserve de tous autres droits et actions.

La Cour a continué la cause à l'audience du samedi, trente-un du courant.

De l'audience du trente-un décembre dix-huit cent vingt-cinq,

La cause ayant été appelée,

Poirel fils, avocat de Joseph-Élisabeth-Barthélemy Guibal, assisté de Poirel père, son avoué, a conclu à ce qu'il plût à la Cour rejeter l'appel du sieur Muller, et le condamner aux dépens.

Ouï M. Troplong, avocat-général, pour le procureur-général, qui a demandé la remise de la cause à un délai de quinzaine, pendant laquelle il se procurera au ministère de la guerre les documens qui lui sont nécessaires pour prendre ses réquisitions dans cette affaire.

La Cour a continué la cause à l'audience de la huitaine avec le ministère public.

Audience du sept janvier dix-huit cent vingt-six.

M. Troplong, avocat-général, a remontré à la Cour

que n'ayant pas encore reçu les renseignemens qu'il avait demandés au ministère de la guerre, il lui était impossible de s'expliquer sur la cause ; en conséquence, il en a demandé la continuation à l'audience de la huitaine.

Les parties n'ayant fait aucune observation sur cette demande, la Cour a remis la cause à l'audience du quatorze du courant.

Audience du quatorze janvier dix-huit cent vingt-six :

Ouï M. Troplong, avocat-général, pour le procureur-général, qui a estimé qu'il y avait lieu de rejeter l'appel de Jean-François-Alexandre Muller, et de le condamner aux dépens.

La Cour a continué la cause à l'audience du dix-huit de ce mois, pendant lequel temps les pièces reçues du ministère de la guerre par le procureur-général, seront communiquées aux parties.

Audience du dix-huit janvier dix-huit cent vingt-six :

Ouï les avocats des parties en leurs observations, en conséquence de la communication de pièces ordonnée à la précédente audience ;

Ouï enfin M. Troplong, avocat-général, pour le procureur général, qui a persisté aux réquisitions par lui prises à ladite audience.

La Cour a ordonné qu'il en serait délibéré, pour l'arrêt être prononcé à l'audience du vingt-cinq de ce mois.

Audience du vingt-cinq janvier dix-huit cent vingt-six, après qu'il en a été délibéré :

La Cour considérant en fait, que le capitaine Muller fit imprimer en dix-huit cent seize un plan analytique avec démonstrations gravées intitulé : *Théorie de l'escrime à cheval*, il avait obtenu l'assentiment de plusieurs chefs de l'armée qui y ont remarqué des pratiques inconnues, et des moyens de perfectionner une partie des combats long-temps négligée.

Il avait mérité l'attention des militaires, et surtout du

gouvernement, qui désirait une méthode uniforme et définitive sur l'escrime à cheval ; jusqu'alors des instructions manuscrites, peu susceptibles, par leurs formes, d'être généralement répandues, offraient des variations et des élémens épars que l'expérience et l'étude pouvaient rassembler avec fruit ; il fut donc ordonné qu'au camp de Lunéville on s'occuperait de cette matière, en prenant pour base l'instruction pratiquée à Saumur, sous le général Laferrière.

Le capitaine Muller, connu par ses conceptions sur la théorie de l'escrime à cheval, inspira de l'intérêt, il obtint la mission d'aller au camp de Lunéville ; appelé au travail de la commission devant laquelle il plaça ses écrits et ses planches descriptives des mouvemens et des positions de sa méthode qu'il expliquait, la commission ne laissa pas ignorer au gouvernement qu'il méritait de la bienveillance.

Bientôt le travail provisoire de la commission remis à l'imprimeur Guibal par ordre du général Mermet, se distribue et se vend *pour le compte de l'imprimeur ;* trompé par ces apparences, le capitaine Muller se plaint du délit de contrefaçon ; il reproche à l'imprimeur le débit qu'il fait à son préjudice ; le tribunal de police correctionnelle rejette sa plainte, et condamne la saisie de l'ouvrage prétendu contrefait.

Si la Cour n'avait à juger sur l'appel que la question simple, telle qu'elle était dans l'origine, elle remarquerait que les lois de dix-sept cent quatre-vingt-treize, du cinq février dix-huit cent dix, et le Code pénal qui les confirme, ont essentiellement pour objet de garantir aux auteurs d'écrits en tout genre la propriété exclusive de leurs ouvrages ; que de-là est sortie l'idée nécessaire de déshonorer le plagiat, et de qualifier délit l'existence de la contrefaçon. Aussi nullement entraînés par les efforts du déguisement, ni inflexibles avec raison sur quelques similitudes inévitables dans les sciences pratiques, les tribunaux ont considéré qu'il ne fallait pas exiger, pour consacrer le droit de propriété, que tous les ouvrages fussent le fruit du génie inventif; ils admettent au partage de la protection légale, les productions de l'esprit, les recueils, les compilations et autres travaux littéraires qui exigent le choix de la science, le discernement, la réduction en méthode classique, et enfin à tout ce qui peut constater le travail de l'esprit.

En appliquant ces maximes, toutes les apparences d'une contrefaçon partielle existeraient dans la cause; l'ouvrage de la commission, au titre particulier de l'escrime à cheval, comparé à la théorie antérieure imprimée par le capitaine Muller, représente assimilation dans les termes, analogie dans les élémens, même ordre, identité d'exécution, à quelques mouvemens près qui sont retranchés, quoiqu'on les répute très utiles; dès-lors, il est sensible que le dernier ouvrage accrédité sous le titre de *Rectifications de l'escrime à cheval*, doit verser sur celui du capitaine Muller, qui n'en a jamais fait la cession par l'effet d'une communication volontaire, un préjudice très considérable, puisque déjà l'imprimeur a consigné sur son registre qu'il allait former quinze cents exemplaires.

Cependant, s'il est vrai qu'une ordonnance du Roi approbative, prescrit comme règlement l'observance des théories indiquées par la commission; si ce qu'atteste l'imprimeur Guibal, dans la réimpression qu'il a faite, ne peut être révoqué en doute, la Cour ne peut plus admettre la probabilité de la contrefaçon, sous le rapport de la qualification que les lois lui donnent.

Les actes du pouvoir ne peuvent jamais être susceptibles d'action directe de responsabilité, ni être présumés couvrir un attentat à la propriété; si quelquefois elle est convertie en objets d'intérêt public, la loi même du monarque commande une juste et préalable indemnité; mais quand il ordonne des règlemens, toute recherche d'infraction aux lois est illicite; les lésions particulières, s'il en résulte, doivent uniquement intéresser sa justice et sa bienfaisance. Elle daignera considérer que l'ouvrage du capitaine Muller, jugé d'abord digne d'attention, et dont on aurait employé en tout ou en partie les utiles conceptions, doit périr par la substitution d'un autre, ayant le même objet, publié et débité sous le titre d'une approbation imposante.

En ce qui concerne l'imprimeur Guibal, il convient d'observer qu'en première instance il a excipé de la remise d'un manuscrit de la commission jamais produit; qu'en annonçant une seconde édition depuis l'instance, il a parlé d'une ordonnance du Roi dont son adversaire ignorait l'existence; qu'il a déclaré chaque fois qu'il imprimait pour son compte; que seulement depuis les premières plaidoiries sur l'appel, il est produit de nouveaux renseignemens dans lesquels se trouve une lettre du général Mermet, attestant qu'il a fait imprimer promptement les exemplaires nécessaires pour l'instruction au camp; qu'ainsi, le capitaine Muller, sur un débat relatif à des intérêts personnels, a pu poursuivre l'imprimeur dans l'ignorance certaine de son mandat, et présumer un débit répréhensible d'un ouvrage ayant le même titre que le sien; la Cour s'attachant à ces considérations, ne pense pas devoir laisser subsister la disposition du jugement qui condamne le capitaine Muller aux dépens pour tous dommages-intérêts envers l'imprimeur.

Par ces motifs, la Cour statuant sur l'appel, a annulé le jugement dont est appel, en ce que Jean-François-Alexandre Muller aurait été condamné pour tous dommages intérêts, aux dépens envers Joseph-Élisabeth-Barthélemy Guibal, imprimeur à Lunéville; émendant quant à ce, a déchargé ledit Muller de cette condamnation, ordonné au surplus l'exécution du jugement; les dépens, tant de cause principale que d'appel, demeurant compensés.

Jugé et prononcé à l'audience publique de la Cour, à Nancy, ledit jour vingt-cinq janvier dix-huit cent vingt-six, siégeant MM. Chippel, Président ; de Roguier, de Lombillon, Boyard, Mathieu de Vienne, Conseillers, et Saladin, Conseiller-Auditeur ; lesquels ont tous, ainsi que le greffier, signé la minute du présent arrêt : signé Chippel, de Roguier, Boyard, de Lombillon, Mathieu de Vienne, Saladin et Perrin.

Enregistré à Nancy, le vingt-sept janvier dix-huit cent vingt-six, folio quatre-vingt quatre, case neuf, reçu un franc et dix centimes pour le décime, signé Yves.

Mandons et ordonnons à tous huissiers sur ce requis, de mettre le présent arrêt à exécution, à nos procureurs-généraux et à nos procureurs près les tribunaux de première instance, d'y tenir la main ; à tous commandans et officiers de la force publique d'y prêter main forte lorsqu'ils en seront légalement requis.

En foi de quoi, la minute du présent arrêt a été signée par les Président, Conseillers et Conseiller-Auditeur qui l'ont rendu, et par le greffier.

Collationné, Perrin.

Lettre de M. le Général Mermet à M. le Procureur-général près la Cour Royale de Nancy.

Paris, le 11 Janvier 1826.

Monsieur,

Le capitaine Muller intente une action en contrefaçon au sieur Guibal, relativement à la publication d'un livre intitulé : *Rectifications à faire dans le maniement des armes à pied et à cheval pour la cavalerie, et suivies de l'escrime à cheval ;* c'est sur cette dernière partie que porte la plainte du Capitaine Muller. La chambre des appels de police correctionnelle de la cour royale de Nancy, est maintenant saisie de cette action sur l'appel interjeté par le sieur Muller, d'un jugement rendu au tribunal civil de Lunéville, qui a repoussé la prétention.

Il paraît, Monsieur, que la cour désirerait être éclaircie sur les assertions mises en avant, soit par le sieur Muller, soit par le sieur Guibal.

La question relativement à la culpabilité du sieur Guibal se réduit à des termes bien simples : le Roi ordonne l'établissement d'un camp à Lunéville ; les instructions de S. Exc. le ministre de la guerre déterminent que l'on s'y occupera de l'escrime à cheval ; mais cette partie de l'instruction n'étant pas définitivement arrêtée, Son Excellence prescrit de prendre pour base la méthode pratiquée à l'école de Saumur.

Conséquemment à ces instructions, une commission est créée le 9 juin 1824 pour déterminer et fixer les parties de la méthode de Saumur qui seraient suivies au camp, ou les modifications à y introduire.

M. le capitaine Muller, mis à la disposition du lieutenant-général commandant le camp, est désigné pour *faire exécuter* ce qui serait arrêté par la commission, et se trouve ainsi en faire partie ; il a assisté à toutes les séances, excepté aux dernières. La commission fait son rapport, et présente une théorie de l'escrime à cheval. Le lieutenant-général commandant le camp l'approuve, et ordonne qu'elle sera suivie par tous les régimens composant le camp.

Indépendamment du travail relatif à l'escrime, la nouvelle forme du mousqueton, modèle 1816 modifié, adopté provisoirement pour les troupes de la division, ayant nécessité des modifications importantes dans le maniement des armes, ce travail, ainsi que celui sur l'escrime, fut réuni en un seul livret, et livré à l'impression. Cette mesure était indispensable, vu le nombre considérable d'exemplaires qu'il fallait en distribuer dans un très court délai, puisque chaque brigadier, sous-officier et officier de tous grades devait en avoir un.

Telle est la série des faits qui intéressent le plus M. Guibal et fixent sa véritable position dans le procès.

Considéré dans ses rapports avec l'État, les prétentions de M. Muller ne paraissent pas plus fondées.

Officier au service de Bavière, admis comme capitaine à celui de France, employé à l'ancienne école de Saumur, envoyé au camp de Lunéville en 1824, chargé à l'une et l'autre de ces deux époques de la démonstration des principes de l'escrime à cheval, les travaux du sieur Muller devinrent la propriété de l'État. Adjoint à la commission chargée de rédiger la théorie de l'escrime, de quel droit le sieur Muller porterait-il plainte en contrefaçon pour des similitudes dont lui-même serait l'auteur, si elles existaient? De quel droit se prétendrait-il lésé par la publication d'idées ou de principes que son devoir comme officier lui imposait l'obligation de soumettre à l'examen de la commission, et dont il avait ou a reçu le salaire en honneurs, appointemens ou gratifications?

Cette étrange prétention ne tendrait à rien moins qu'à s'attribuer le droit d'interdire à l'État la publication d'un travail collectif légalement ordonné, par le seul fait d'y avoir contribué, et qui serait dès-lors commun à tous les collaborateurs.

Tels sont, Monsieur, les principes qui me détermineraient dans la décision de la question soumise à la Cour royale; en conséquence, parmi les pièces restées en ma possession, j'ai choisi celles qui m'ont paru les plus propres à éclairer la religion de la Cour: elles sont au nombre de seize, suivant l'inventaire joint à cette lettre; j'ai l'honneur de vous les adresser, vous priant, ainsi que vous me l'avez offert, de vouloir bien les mettre sous les yeux de la Cour, et vous charger de me les renvoyer aussitôt que l'arrêt à intervenir sera rendu.

Fâché de la peine que je vous donne, je vous prie d'agréer d'avance mes remercîmens, et la nouvelle assurance de la haute considération avec laquelle je suis,

Monsieur,

Votre tout dévoué.

Signé Vicomte Mermet,
Lieutenant-général, commandant supérieur du camp de Lunéville.

Pour copie conforme :
Certifiée par l'Avocat aux Conseils du Roi et à la Cour de cassation,

Signé Isambert.

Lettre du Ministre de la guerre à M. le Procureur-général de la Cour royale de Nancy.

Paris, 10 Janvier 1826.

Monsieur le Procureur-général,

J'ai reçu la lettre que vous m'avez fait l'honneur de m'écrire, pour demander les explications dont a besoin la Cour royale de Nancy, dans un procès renvoyé au jugement de cette Cour, qui a été intenté par le capitaine Muller, en contrefaçon d'un ouvrage sur l'escrime à cheval que cet officier prétend avoir été tiré d'une théorie dont il est l'auteur.

M. le lieutenant-général Mermet, possédant réunis tous les documens nécessaires pour répondre aux assertions de Muller, j'ai chargé cet officier-général de vous les transmettre, vu d'ailleurs l'intention où est la Cour de prononcer sur le procès dans le plus bref délai.

Le procureur du Roi près la Cour ayant, de son côté,

écrit directement au général Mermet, je suppose que déjà l'objet de votre lettre se trouve rempli.

Je vous serai obligé, monsieur le Procureur-général, de vouloir bien me faire connaître le jugement qui interviendra dans cette affaire.

J'ai l'honneur d'être, etc.

Signé COETLOSQUET.

Pour copie conforme :

Certifiée par l'Avocat aux Conseils du Roi et à la Cour de cassation, soussigné,

Signé ISAMBERT.

Lettre de S. Exc. le Ministre de la guerre, constatant la mission du capitaine Muller à Saumur.

Par ordre du Ministre-secrétaire d'état de la guerre, le conseil d'état directeur général certifie à tous qu'il appartiendra, que M. Muller (Alexandre), capitaine de cavalerie en non activité, a été envoyé à l'école de Saumur, par décision du 31 octobre 1817, à l'effet d'y faire l'essai de sa théorie sur l'escrime des troupes à cheval ; qu'il s'est rendu à cette destination le 12 novembre suivant, et qu'il est sorti de l'école le 22 juillet 1818, en vertu d'une décision ministérielle du 17 du même mois ; en foi de quoi il a délivré le présent certificat, pour servir et valoir en ce que de raison.

Fait à Paris, le 20 septembre 1825.

Signé Vte. DECAUX.

Lettre de S. Exc. le Duc de Bellune.

Paris, le 11 Février 1823.

Monsieur, je vous ai fait connaître plusieurs fois l'intention où j'étais d'améliorer votre position, aussitôt qu'une occasion favorable m'en donnerait les moyens ; ce n'est point une espérance vaine que je vous ai donnée, car je cherche à la réaliser.

J'ai le projet d'établir une école dont la direction vous sera confiée. Vous recevrez en cette qualité un traitement analogue à vos fonctions et à votre rang.

Je m'estimerai heureux de pouvoir vous tirer ainsi de la position fâcheuse dans laquelle vous vous trouvez, en même temps que je récompenserai d'une manière honorable pour vous, vos travaux sur l'art militaire.

J'ai l'honneur d'être, avec une considération distinguée, Monsieur, votre très humble et très obéissant serviteur.

Le Ministre de la guerre,
Duc De Bellune.

Lettre du Ministre de la Guerre portant commission au sieur Muller de se rendre à Lunéville.

Paris, 23 Avril 1824.

Le Ministre-secrétaire d'état de la guerre prévient M. Muller, capitaine de cavalerie en disponibilité, qu'il est mis à la disposition de M. le lieutenant-général vicomte Mermet, commandant le camp de Lunéville, pour être employé par cet officier-général aux détails d'instruction qu'il lui indiquera.

Un supplément de traitement lui sera alloué pour porter au complet la solde d'activité et les indemnités affectées à son grade pendant tout le temps qu'il sera employé au camp.

Signé le Baron Damas.

Ordre du jour du camp de Lunéville, du 9 juin 1824.

« L'arme de la Cavalerie n'ayant jamais eu de mode
» uniforme d'escrime à cheval, et Son Excellence le mi-
» nistre de la guerre voulant en adopter un pour tous
» les régimens, a ordonné au lieutenant-général com-
» mandant le camp de Lunéville, de l'introduire dans
» ceux sous ses ordres, et qui aura pour base la mé-
» thode suivie à l'école de Saumur.

» En conséquence, pour remplir les intentions de Son
» Excellence, il croit devoir charger une commission de
» déterminer ce qui lui paraîtra le plus utile et le plus
» convenable pour ce genre d'instruction.

» Cette commission sera composée de MM. le marquis
» Oudinot, maréchal-de-camp; Dejean, colonel des
» Chasseurs des Vosges; Valmalette, chef d'escadron
» au même régiment; Pierre, chef d'escadron au ré-
» giment de l'Allier, et d'Herbigny, chef d'escadron
» aux Cuirassiers d'Angoulême.

» M. le capitaine Muller, qui a écrit sur cette partie,
» a été mis à la disposition du lieutenant-général com-
» mandant le camp, par Son excellence le ministre de
» la guerre, pour y être employé à ce genre d'instruc-
» tion.

» Il exécutera ce que la commission aura arrêté. Pour-
» ront être appelés près de cette commission, lorsque
» M. le maréchal-de-camp le jugera nécessaire, MM. les
» instructeurs des différens régimens qui sont au camp,
» afin de faire connaître les méthodes qu'ils pratiquent.

» Ces instructeurs sont : MM. de Douay, lieutenant
» des Chasseurs de l'Allier; de Cernay, capitaine aux
» Chasseurs de l'Orne; de Villatte, lieutenant aux
» Chasseurs des Vosges; Schaff, capitaine aux

» Chasseurs de la Côte-d'Or ; PERSY, capitaine aux
» Chasseurs de l'Isère ; DORNIER, sous-lieutenant
» aux Dragons du Calvados ; DE RAYAU, adjudant-
» major aux Cuirassiers d'Angoulême.

» Un registre sera tenu par les soins d'un membre de
» la commission, sur lequel seront consignés les travaux
» arrêtés par elle, ainsi que toutes les planches des di-
» verses positions, qui seront dessinées par M. DAIGNY,
» aide-major au corps royal, attaché aux Dragons du
» Calvados. »

Le lieutenant-général,
Signé vicomte MERMET.

Pour copie conforme :
Le colonel, chef d'état-major,
Signé le comte de LIGNEVILLE.

Lettre de cessation de service du capitaine Muller, par suite de la dissolution du camp de Lunéville, le 9 octobre 1824.

Capitaine, S. Exc. le Ministre de la guerre a décidé que le camp de cavalerie formé à Lunéville, serait dissous le 9 du mois ; en conséquence, ce temps étant expiré, votre service près du camp sera terminé, et S. Exc. Monseigneur vous invite à lui faire connaître le lieu où vous désirez vous retirer pour attendre la nouvelle destination qu'elle pourrait avoir à vous assigner.

Signé Vicomte MERMET.

Certificat du général Laferrière.

Saumur, 19 Mars 1818.

Conformément aux ordres de S. Exc. le Ministre de la guerre, M. le capitaine Muller a fait sous mes yeux la démonstration de sa théorie sur l'escrime à cheval. Selon les intentions du ministre, j'ai rendu compte à Son Excellence, par un rapport spécial, de mes observations concernant cette théorie.

Le lieutenant-général des armées du Roi,
Comte DE LAFERRIÈRE.

IMPRIMERIE ANTHELME BOUCHER, RUE DES BONS-ENFANS, N°. 34.

www.ingramcontent.com/pod-product-compliance
Lightning Source LLC
Chambersburg PA
CBHW060910050426
42453CB00010B/1639